THÉATRE DES VARIÉTÉS.

LES CHRONIQUES BRETONNES

PIÈCE FANTASTIQUE EN UN ACTE

PAR MM. CLAIRVILLE, THÉODORE BARRIÈRE ET P. FAULQUEMONT

Représentée pour la première fois, à Paris, sur le théâtre des VARIÉTÉS, le 28 novembre 1847.

Prix : 50 centimes.

PARIS
BECK, ÉDITEUR
RUE GIT-LE-COEUR, 12
TRESSE, successeur de J.-N. BARBA, Palais-Royal.

1847

LES CHRONIQUES BRETONNES,

PIÈCE FANTASTIQUE EN UN ACTE,

PAR MM. CLAIRVILLE, THÉODORE BARRIÈRE ET P. FAULQUEMONT,

Représentée pour la première fois, à Paris, sur le théâtre des VARIÉTÉS, le 28 Novembre 1847.

PERSONNAGES.	ACTEURS.
LE BARON DE KERKARADEC	MM. BARDOU JEUNE.
LE PÈRE KEROUAN, fermier très riche	DUSSERT.
DYRING, amoureux d'Yvonne	KOPP.
YVONNE, fille de Kérouan	Mlles DELORME.
LE GÉNIE KORILAN	ALINE.
UN PAYSAN parlant	M. CHARRIER.
UNE PAYSANNE *idem*	Mlle SUZANNE.
PAYSANS, PAYSANNES.	

L'action se passe en Bretagne.

Le théâtre représente un site de la Bretagne. — Au milieu du théâtre, au troisième plan, un gros arbre dont la tête se perd dans les frises. — A gauche, la maison du père Kérouan, avec deux fenêtres praticables : l'une (la première) est ouverte ; c'est celle de la grange. La seconde est celle de la chambre d'Yvonne. — A droite, un banc de gazon sous un bosquet au premier plan.

NOTA. — La maison doit communiquer avec l'arbre par le derrière du théâtre, et, malgré la distance à parcourir, il faut qu'on puisse arriver en une seconde, et sans que le public s'en aperçoive, de la maison à l'arbre et de l'arbre à la maison.

Les indications sont prises de la salle.—L'acteur le premier inscrit tient toujours la gauche du spectateur.

SCENE PREMIERE.

YVONNE, DYRING.

(*Au lever du rideau, Dyring est assis sur le banc à droite ; Yvonne est près de lui et semble le consoler.*)

YVONNE.

Voyons, mon p'tit Dyring... pleure pas comme ça... à quoi que ça sert?...

DYRING.

A rien... j' sais ben qu' c'est comme si je chantais... mais ça m'est plus facile.

YVONNE.

Espérons!... puisque je te dis que j'ai entendu hier le coucou sous ma fenêtre, et tu sais ben c' que ça annonce, un coucou!

DYRING, *se levant.*

Que t'auras un mari avant la venue de l'hiver... mais c' mari là, ça n' sera pas Dyring... ça sera c' damné seigneur, que l'ange noir nous a envoyé de Quimper.

YVONNE.

Oh ! ça n'est pas fait.

DYRING.

Mais ça se fera... avec ça qu' t'es la fille du Breton le plus vaniteux et le plus entêté des Six-Évêchés... il est déjà tout fier d'appeler *mon gendre* ce maudit baron, qui porte une épée dont il ne s'est jamais servi... Oh! quand j' pense à ça, vois-tu, Yvonne, c'est pas parce que M. Kérouan est ton père, mais je souhaite quelquefois qu'il soit pris en grippe par les korigans !...

YVONNE.

Les nains malfaisans!

DYRING.

Et qu'ils lui brûlent tout c' qu'il a.

YVONNE.

Oh!

DYRING.

Dame! alors tu serais pauvre... tu n'aurais plus rien de rien!

YVONNE.

M'aime-t-il! m'aime-t-il!

DYRING.

Quand tu n'aurais plus rien, j' s'rais aussi riche que toi... mais, au lieu d' ça, tu es la première, la plus riche du pays, comme t'en es aussi la plus gentille... les fermes du père Kérouan s'étendent jusqu'à dix sifflées d'ici... il a des moutons d' quoi fournir de laine tout Morlaix... Ah! Dieu! pour être riche comme lui, vois-tu... j' crois que j' vendrais la poule noire au diable.

YVONNE.

Toi?... cesser d'être un honnête homme!... Dyring!... Oh! j' t'aimerais plus!

DYRING.

Sois tranquille, va... je m' flatte, j' suis trop bête pour devenir un coquin!

YVONNE.

Mais voyons donc plutôt si tu n'aurais pas quelque moyen de faire fortune.

DYRING.

J'en connais bien un.

YVONNE.

Voyons?

DYRING.

C'est une vieille chronique du pays, qui dit qu'à une certaine époque, les pierres de la bruyère de Plouhinec vont se désaltérer à la rivière d'Intel...

YVONNE.

Eh ben?

DYRING.

Alors, elles laissent à découvert de l'or, de l'argent et des pierreries... il n'y a qu'à se baisser, et...

YVONNE.

Oui... c'est vrai : grand'mère m' l'a dit d' son vivant.

DYRING.

Mais il faut s' dépêcher, parce que, quand elles reviennent prendre leur place, si on est encore dans le trou... crac!... (*Il fait le geste d'être aplati.*)

YVONNE.

Oh! sainte Vierge, tu te dépêcheras, n'est-ce pas?...

DYRING.

Sois tranquille... tiens, comme ça... (*Il fait vivement le simulacre de remplir ses poches et de s'esquiver.*)

YVONNE.

C'est ça... c'est ça...

DYRING, *se grattant l'oreille.*

Il n'y a qu'une chose qui m'arrête.

YVONNE.

Et c'est?...

DYRING.

C'est qu'il n'y a pas encore vingt ans qu'elles ont été à la rivière.

YVONNE.

Et ben?

DYRING.

Et elles n'y vont que tous les cent ans.

YVONNE.

Mais j' s'rai mariée alors.

DYRING.

V'là c' qui m'arrête.

Air du *Palanquin* (P. Henrion.)

Dans quatre-vingts ans
Je s'rai mort sans doute :
V'là pourquoi je r'doute
D'attendre si longtemps.
Ah! protégez-nous,
Esprits d' la montagne,
Fait's en ma compagne...
Ang's de la Bretagne,
Je compte sur vous.
Si de ce baron
Tu portais le nom,
Yvonne m'étant ravie,
Que serait pour moi
L'univers sans toi?
N'es-tu pas toute ma vie?
Sans toi plus de chants joyeux,
Plus de danses, plus de jeux,
Plus d'amour, plus de mystère!
Plus de soufflets d'amitié,
Plus d' coups de poing, de coup d' pied!
Enfin, plus d' bonheur sur terre!

ENSEMBLE.

Dans quatre-vingts ans,
Nous s'rons morts sans doute,
V'là pourquoi je r'doute;
D'attendr' si longtemps.
Ah! protégez-nous,
Esprits d' la montagne!
Fait's moi sa compagne :
Ang's de la Bretagne,
Je compte sur vous!

YVONNE.

Dans quatre-vingts ans,
Si je vis cent ans,
Je dois être au moins grand'mère.
J'aurai des enfants,
Et des p'tits enfants,
Dont tu s'ras père et grand père.
Si les destins me trompaient,
Quand les pierres partiraient,
Je ferais choix d'une pierre;
Et l'attachant à mon cou
Bravement par un licou,
Je la suivrais à la rivière.

REPRISE ENSEMBLE.

Dans quatre vingts ans, etc.

KÉROUAN, *en dehors.*

Voulez-vous bien vous taire, imbéciles.

YVONNE.

Cette voix!

DYRING.

Celle de ton père.

YVONNE, *regardant à droite.*

Qu'est-ce qu'il a donc?... comme il est pâle!

DYRING, *de même.*

Et tous les gars du pays, vois donc... bien sûr il est arrivé quelque chose.

SCÈNE II.

LES MÊMES, KÉROUAN, PAYSANS ET PAYSANNES.
(*Ils entrent par la droite*.*)

KÉROUAN.

Voulez-vous bien me laisser tranquille avec tous vos contes.

* J. paysans, K. paysannes, D.

UN PAYSAN.

Mais, monsieur Kérouan...

KÉROUAN.

Silence!... certainement, je ne suis pas poltron... je suis même très brave... eh bien! ces animaux-là me font des peurs affreuses!

LE PAYSAN.

Puisqu'on vous dit qu'on l'a trouvé mort!

UNE PAYSANNE.

Près du grand lavoir.

YVONNE.

Mort!.. qui ça donc, mon père?

KÉROUAN, *voyant sa fille et Dyring.*

Ah! v'là saint Roch et son...

DYRING*.

Qui donc qu'est mort? (*Les paysans remontent.*)

KÉROUAN.

C'est pas toi, malheureusement.

DYRING.

Merci de l'intérêt que vous me portez, bourgeois.

KÉROUAN.

Je ne te porte pas d'intérêt... mais je te porterai un coup de poing si je te vois flâner encore autour de ma fille.

YVONNE.

Mais, papa...

KÉROUAN.

Là! voyez un peu... pourquoi qu' t'as pas mis tes bijoux?.. Pourquoi qu' t'es pas plus richement attifée que ça, quand j'attends mon gendre, monseigneur le baron de Kerkaradec.

DYRING, *à part.*

Il en a plein la bouche, de son baron.

KÉROUAN, *à sa fille.*

Veux-tu me répondre?

YVONNE.

Je n'veux pas être baronne, moi, na!

KÉROUAN.

Ah! tu ne veux pas être baronne, toi, na?... eh bien! je veux que tu sois baronne, moi, na... et nous verrons lequel de ces deux moi-na sera le bon moi-na. (*Pendant cette petite scène, les paysans se sont rassemblés au fond, et l'un d'eux, celui qui a parlé, n'a cessé de gesticuler comme s'il racontait une histoire horrible.*)

TOUS.

Oh! c'est effrayant!

KÉROUAN.

Encore!.. (*Allant au milieu des paysans, qu'il disperse.*) Mais ça ne finira donc pas!

LE PAYSAN**.

Vous aurez beau dire, bourgeois, les esprits sont revenus, c'est bien sûr.

YVONNE.

Les esprits!.. quels esprits?

* J. K. D.

** J. paysans, K. D.

LE PAYSAN, *à Yvonne.*

V'là c'que c'est, not' demoiselle... Vous savez ben, Goru, le vieux mendiant... on l'a trouvé ce matin, couché tout de son long à trois pas de la maison des..., (*Baissant la voix.*) des korigans.

YVONNE, *effrayée.*

Ah!...

KÉROUAN.

Des korigans! (*S'efforçant de rire.*) Ah! ah! ah!

DYRING, *à demi-voix.*

Et... il était mort?

LE PAYSAN.

On n'sait pas... car personne n'a osé l'approcher... mais c'est sûr... (*Il remonte.*)

LES AUTRES.

Oui... oui... c'est ben sûr!

KÉROUAN *.

Allons donc! savez-vous c'qu'il y a?... Eh ben! y a que Goru est un vagabond, un chercheur de pain, sans feu ni lieu, et que faute de pouvoir payer un gîte, il couche à la belle étoile... v'là tout!

DYRING.

Goru aller se coucher près de l'étang des Lavandières, à deux pas de la maison maudite!... Ah ben oui! il est trop poltron pour ça.

KÉROUAN, *à part.*

C'est vrai... et, malgré tout mon courage, je ne suis pas sans inquiétude.

DYRING.

Ben sûr il lui est arrivé ce qui est arrivé à Wilherms, le héros de la ballade.

KÉROUAN.

Oui... c'était à l'époque de la fête des morts... Wilherms, au lieu de prier, avait passé la moitié de la nuit dans un cabaret à rire et à jouer... En regagnant sa chaumière, et sans respect pour les âmes qui remplissent les chemins ce jour-là, il chantait des chansons profanes et passait devant les croix sans ôter son chapeau!

TOUS, *se rapprochant de Kérouan.*

Ah!... (*Les paysans se groupent à mesure qu'il parle, et finissent par être tout à fait serrés les uns contre les autres.*)

KÉROUAN.

Quand il fut parvenu au milieu de la forêt qu'il devait traverser, la lune disparut et le vent devint si violent que Wilherms n'entendait plus ni le son de sa voix ni le bruit de ses pas...

DYRING, *appelant à voix basse.*

Yvonne!

YVONNE, *accourant, et lui montrant son père.*

Prends garde!** (*Elle s'asseoit à côté de lui, dans le bosquet, et il la lutine.*)

KÉROUAN, *continuant.*

Il marchait toujours, lorsqu'en passant près du

* Y. K. D.

** K. Y D.

vieux manoir ruiné, il entendit la girouette qui disait : Retourne ! retourne ! retourne ! (*Mouvement d'effroi.*) et Wilherms avançait toujours... Il arriva devant la cascade, et l'eau murmura : Ne passe pas ! ne passe pas ! ne passe pas !... Arrivé sur la lisière de la forêt, mille voix sinistres sortant des chênes disaient... (*Ici Dyring embrasse Yvonne.*) Ne va pas plus loin !...

YVONNE, *se levant, bas à Dyring.*

Tu l'entends?

KÉROUAN, *continuant.*

Ne va pas plus loin !.. mais Wilherms allait toujours.

DYRING, *à Ivonne.*

Tu vois... (*Il continue à la lutiner.*)

KÉROUAN.

Comme il entrait dans le *Vallon des Laveuses de nuit*, minuit sonnait... (*Mouvement. Cette fois Yvonne se rapproche du groupe.*) Au douzième coup, il aperçut le lavoir ombragé de saules pleureurs, et, tout autour, des femmes vêtues de blanc, qui chantaient tout bas un hymne funèbre, en frappant de leurs battoirs les pierres de la *douëz*, et n'interrompant leur chant que pour pousser des éclats de rire... comme ça...

LE BARON, *qui est entré vers la fin du récit, et qui s'est tenu derrière les paysans, riant aux éclats.*

Ah ! ah ! ah !

TOUS, *effrayés et se séparant.*

Ah !

SCÈNE III.

LES MÊMES, LE BARON *.

LE BARON, *riant.*

Ah ! ah ! ah ! Palsambleu ! beau-père, je suis bien sûr que vos laveuses ne riaient pas d'aussi bon cœur que moi... Sur mon âme, vous savez des histoires fort divertissantes !..

KÉROUAN.

Monsieur le baron !

YVONNE, *à part.*

Oh ! le vilain homme !

DYRING, *à part.*

Je le haïs-t-y !

LE BARON.

Mais vous ne m'avez pas dit le refrain que ces terribles lavandières chantaient au malheureux Wilherms... Attendez; je l'ai retenu moi, il est assez réjouissant pour qu'on s'en souvienne.

KÉROUAN.

Eh ! quoi ! monsieur le baron, vous oseriez?...

LE BARON.

Chanter la fameuse ballade... et pourquoi non ? Par la sambleu ! manants, faites chorus... je prend la ballade où vous avez laissé l'histoire.

* Y. K. le B. D.

Air de *M. J. Nargeot.*

Wilherms devant les croix de pierre,
Passait sans ôter son chapeau :
Mais il s'arrêta de nouveau
A la voix d'une lavandière.
Tordons, tordons, disait la voix,
Qui se perdait au fond des bois.

CHOEUR.

Tordons, etc.

LE BARON.

Tordons, tordons, tordons beaucoup,
Ce soir nous lui tordrons le cou.

CHOEUR.

Tordons, etc.

LE BARON.

DEUXIÈME COUPLET.

Alors on vit mainte ombre blanche,
Sortir pâle du vieux lavoir,
D'une main portant un battoir,
Portant l'autre poing sur la hanche.
Toutes crièrent : A genoux !
Profane, viens tordre avec nous !

CHOEUR.

Toutes, etc.

LE BARON.

Tordons, tordons, tordons beaucoup,
Et puis nous lui tordrons le cou !

CHOEUR.

Tordons, etc.

LE BARON.

TROISIÈME COUPLET.

Contraint d'obéir à cet ordre,
Wilherms d'abord tordit, tordit..
Et puis ce linge, il le mordit,
N'ayant plus la force de tordre,
Et les lavandières riaient,
Chantaient, dansaient, et répétaient :

CHOEUR.

Et les lavandières, etc.

LE BARON.

Tordons, tordons, tordons beaucoup !
Ensuite on lui tordit le cou !

CHOEUR.

Tordons, etc.

LE BARON, *riant.*

Ah ! ah ! ah ! c'est de la poésie, vertuchou ! de la bonne poésie ! Est-il possible, beau-père, qu'un homme d'esprit comme vous donne encore dans ces fadaises-là ?

KÉROUAN.

Moi donner dans... allons donc !.. c'était pour amuser ces braves gens !..

LE BARON *.

A la bonne heure ! (*Passant près d'Yvonne.*) Eh mais ! je n'avais pas aperçu... Toujours fraîche et jolie comme un beau jour de mai !.. (*Yvonne salue et tourne le dos. A Kérouan.*) Nous boudons encore, à ce qu'il paraît.

* Y. le B. K. D.

KÉROUAN.

Ne faites pas attention, monsieur le baron.

LE BARON.

Allons donc... est-ce qu'on ne passe pas tout aux jolies filles... (*A part.*) riches ?..

KÉROUAN, *aux paysans.*

Allons, à la besogne !.. qu'on rentre les foins!.. il y a de la pluie là-haut... le soleil est comme les mauvais payeurs...

LE BARON.

Hein ?

KÉROUAN.

Il n'est jamais plus brillant que quand il veut faire banqueroute.

LE BARON.

Ah ! c'est une image bretonne !

KÉROUAN, *à Yvonne.*

Et vous, Mademoiselle, allez à votre toilette, et tâchez de vous faire belle.

YVONNE, *à part.*

Plus souvent !

KÉROUAN, *à Dyring.*

Et toi, à c'te besogne, tout de suite ; et si je te vois rôder par ici, tu sais ce que je t'ai promis.

DYRING.

Bien obligé, bourgeois.

KÉROUAN, *aux paysans.*

Allons, en route !

CHŒUR.

Air :

Allons, gas du village,
Allons, du cœur, vite à l'ouvrage !
Ce n'est qu'après l'ouvrage
Que le plaisir
Peut accourir !

(Tous les paysans sortent, excepté Dyring, qu'on voit grimper sur l'arbre.)

SCÈNE IV.

LE BARON, KÉROUAN, DYRING.

DYRING, *grimpant sur l'arbre.*

Oh ! j'entendrai ce qu'ils diront.

LE BARON, *à part.*

Ce lourdaud de beau-père est un cachottier. Jusqu'à présent je n'ai pu lui tirer un seul mot de la dot... il faut pourtant que je sache...

KÉROUAN.

A quoi pensez-vous donc, monsieur le baron ?

LE BARON.

Mais aux retards qu'éprouve mon mariage, le contrat devrait être signé déjà. La cour m'appelle, et je brûle d'y mener ma femme.

KÉROUAN.

Ma fille à la cour !

DYRING, *à part.*

Oh ! j'en mourrai !

LE BARON.

Le roi désire la connaître.

KÉROUAN.

Le roi ?

LE BARON.

Oui... je lui ai touché un mot de mon mariage.

KÉROUAN.

Vraiment ?

LE BARON.

Sa Majesté a paru d'abord contrariée.

DYRING, *à part.*

Et moi donc ?

KÉROUAN, *inquiet.*

Ah !...

LE BARON.

« Comment, mon cher de Kerkaradec, me dit-elle, vous épousez une petite fermière... c'est une mésalliance... notre bon plaisir n'est pas que notre noblesse croise son écusson d'une barre roturière. »

DYRING, *à part.*

Oh ! le bon roi ! le bon roi !

KÉROUAN.

Comment ! Sa Majesté a dit ?...

LE BARON.

« Mais, sire, ai-je répondu, le fermier Kérouan est l'homme le plus considérable de tout Morlaix... (*Avec complaisance.*) Ah ! ah ! a fait le roi. »

KÉROUAN.

Le roi a fait Ah ! ah !

DYRING, *à part.*

Je vous demande un peu pourquoi le roi a fait : Ah ! ah !

LE BARON.

« Le fermier Kérouan n'a pas d'arbre généalogique, c'est vrai .. »

KÉROUAN.

Pas d'arbres ! J'ai une forêt... dix mille livres de coupe chaque automne.

LE BARON, *à part.*

Dix mille livres, bon ! (*Haut.*) « Le fermier Kérouan ne compte pas d'aïeux, c'est encore vrai... mais il compte...

KÉROUAN.

Cinq mille écus, bon an mal an, de mes fermes, dà !

LE BARON, *à part.*

Cinq mille écus ! à merveille !

DYRING, *à part.*

Plus d'espoir !

LE BARON, *à part.*

Voyons la dot. (*Haut.*) « Mais, a dit Sa Majesté, songez, baron, que vous avez un nom à garder... un descendant des Kerkaradec ne peut pas vivre comme un croquant, et vous vous êtes ruiné pour le pays... » C'est vrai que je me ruiné pour lui.

KÉROUAN.

Vous vous êtes... Ah ! ah !

LE BARON, *avec modestie.*

Oui, j'ai fait des folies... pour l'État... « Quand

vous épouseriez cette petite, me dit le roi, que vous apporterait-elle en dot? »

KÉROUAN, *vivement.*

Cinquante mille écus!

LE BARON, *respirant.*

C'est à peu près le chiffre que je fixai... ce que voyant, le roi convaincu que mon amour trouvait réponse à tout, m'a frappé sur l'épaule...

KÉROUAN, *avec orgueil.*

Le roi vous a...

LE BARON.

En me disant: « Allez donc, mon cher baron... »

KÉROUAN, *fou de joie.*

Le roi appelle mon gendre son cher.

LE BARON.

« Et puisque votre beau-père n'est rien... »

KÉROUAN.

Eh bien?

LE BARON.

« Nous en ferons quelque chose... »

KÉROUAN.

Le roi a dit... Monsieur le baron, nous signerons dès demain!

LE BARON.

« Un fermier général! »

KÉROUAN.

Nous signerons aujourd'hui même!... (*Il va vers la maison et appelle.*) Jean! Jean! *

DYRING, *à part.*

Ah! maintenant je n'ai plus qu'à mourir!

LE BARON, *à part.*

C'est étonnant qu'on soit si bête dans un pays où il y a tant d'esprits!... Eh! eh! eh!...

KÉROUAN, *à un garçon de ferme qui sort de la maison.*

Que le tabellion vienne ici tantôt, pour les fiançailles de ma fille... et qu'on prévienne tout le village, va! (*Le garçon sort. Revenant au baron.*) Touchez là, mon gendre!

LE BARON, *à part.*

Ma fortune est faite!

KÉROUAN.

Air :

Mais à vos trésors, je dois
Vous initier peut-être :
Je dois vous faire connaître,
Vos prés, vos champs et vos bois.
Suivez-moi donc...

LE BARON.

Je le veux bien.

KÉROUAN.

A vous toute mon opulence!
Pour moi je ne garderai rien...

LE BARON.

Que l'honneur de mon alliance!

* K. le B. D. sur l'arbre.

ENSEMBLE.

KÉROUAN

Mais à vos trésors, je dois, etc.

LE BARON.

Je verrai comme je dois
Disposer de mon bien-être,
Quand vous m'aurez fait connaître
Mes prés, mes champs et mes bois.

(*Ils sortent par la droite.*)

SCÈNE V.

DYRING, *seul, descendant de l'arbre avec colère.*

J'ai-t-y du guignon!... j'en ai-t-y!... v'là une affaire bâclée!... J'ai pus qu'à chercher un passeport pour le royaume des taupes... est-ce que je peux rester ici maintenant?... pour assister aux épousailles?... est-ce que je peux vivre à c't' heure?... Non, non... trépassons... c'est le seul parti qui me reste... seulement, cherchons un moyen de trépasser convenablement... justement v'là une branche d'arbre là-haut!... y n'est pas défendu de s' pendre... on s' pend tous les jours... on dit même que c'est une fin très supportable... au commencement!... c'est pourtant dommage de pendre un si beau garçon!... mais je suis trop malheureux!... (*Détachant sa cravate.*) Pauvre Yvonne!... quand elle m'a brodé ça, elle ne pensait pas... Allons, n'hésitons plus!... (*Il va pour attacher sa cravate à la branche, qui s'élève d'elle-même.*) Hein!... quoi!... Ah! mon Dieu!... c'est-il le diable qui s'en mêle?

KORILAN, *sortant de l'arbre.*

Non... c'est moi (1)!

SCENE VI.

DYRING, KORILAN.

DYRING, *tombant la face contre terre.*

Bonté du ciel! un esprit!

KORILAN.

Air des *Vingt sous de Perinette.*

Allons, rassure tes sens :
Pourquoi trembler et te taire?
Ma mission sur la terre
N'est pas d'effrayer les gens.
Dis-moi comment d'un bel ange
Tu tracerais le portrait,
Si, par un prodige étrange,
Le diable me ressemblait.
Non, non, non, toute ma vie,
J'ai servi les malheureux...
Car je suis un bon génie,
Qui protège les amoureux!

(1) Au théâtre des Variétés, chaque apparition du Génie est accompagnée d'un coup de tam-tam, que ce soit le génie sous ses propres traits ou sous ceux des trois autres personnages.

DYRING.

Mais qu'ai-je donc fait pour que vous vous intéressiez à moi?.. Qui êtes-vous?..

KORILAN.

Souviens-toi d'un rouge-gorge que tu trouvas un jour pris dans un lacet?..

DYRING.

Attendez donc... oui.

KORILAN.

Au lieu de lui ôter la vie, tu lui donnas la liberté.

DYRING.

C'est vrai!

KORILAN.

C'était moi!

DYRING, *étonné.*

Vous?.. Ah! ben! je ne vous aurais jamais reconnu!

KORILAN.

Chaque jour, et quelquefois à chaque heure je prends une forme nouvelle, mais toujours dans l'intérêt d'un ami.

Même air.

Changeant mes traits et ma voix,
J'apparais sous mille formes,
Sous de galans uniformes,
Sous des habits villageois..
En garçon, en demoiselle,
Je me transforme en tout lieu...
Je fus jadis Philomèle,
Depuis je fus l'oiseau bleu.
Tu le vois, toute ma vie, etc.

DYRING.

Eh! quoi! je serais de vos amis?..

KORILAN.

Je te le prouverai.

DYRING.

Comment?

KORILAN.

En faisant ton bonheur.

DYRING.

Yvonne...

KORILAN.

Sera ta femme.

DYRING.

Mais l' père ne veut pas.

KORILAN.

Il le voudra, sois tranquille.

DYRING.

Bien vrai?.. Oh! dans ma joie, dans mon bonheur!

KORILAN, *regardant du côté de la maison.*

On ouvre cette fenêtre... Quelqu'un!.. (*Il rentre précipitamment dans l'arbre qui se referme sur lui.*

DYRING, *voyant Yvonne paraître à la fenêtre.*

C'est Yvonne!

SCÈNE VII.

YVONNE *à la fenêtre*, DYRING; *ensuite* KÉROUAN*.

YVONNE.

C'est toi, mon p'tit Dyring... t'es toujours là.

DYRING.

Oui, mais j' n'y suis plus seul... ce bon génie.. Eh ben! qu'est-il devenu?

YVONNE.

Tu as perdu quelque chose?

DYRING.

C'est toi qui lui auras fait peur.

YVONNE.

Moi, j'ai fait peur à quelqu'un...

KÉROUAN, *entrant par la droite, un bâton à la main* **.

Que vois-je? (*Il passe doucement par derrière l'arbre.*)

DYRING.

Figure-toi, ma petite Yvonne...

KÉROUAN, *tombant à coups de bâton sur Dyring.*

Ah! voilà comme on m'obéit!

YVONNE, *fermant la fenêtre.*

Ciel! mon père!..

DYRING, *se sauvant à droite* ***.

Oh! là! là!...

KÉROUAN.

Gredin! c'est comme ça que tu vas travailler.

DYRING.

Mais, père Kérouan...

KÉROUAN.

Tais toi et file... ou je vais recommencer.

DYRING.

Mais quand je vous dis...

KÉROUAN.

Veux-tu t'en aller plus vite que ça.

DYRING, *à part.*

Croyez donc aux esprits!.. m'empêcher de mourir pour me faire rosser!.. Oh! si je le tenais!

KÉROUAN.

Comment! tu es encore là.

DYRING, *se sauvant.*

Adieu, Yvonne... adieu pour toujours. (*Il sort par la droite.*)

KÉROUAN.

Oui, pour toujours, je te le conseille... et maintenant, au tour de la péronnelle!.. (*Il entre dans la maison.*)

* Y. D.
** Y. D. K.
*** K. D.

SCÈNE VIII.

KORILAN *seul et sortant de l'arbre sous les traits et sous le costume d'Yvonne* (1).

L'ACTRICE *qui joue Korilan parlant derrière l'arbre, tandis que celle qui est en scène mime chaque parole.*

Là, j'espère que l'on pourra s'y tromper et que la métamorphose est complète... Mais voyons ? saurai-je bien imiter la voix d'Yvonne ?.. essayons. Vot' servante, monsieur le baron... Oh ? non, ce n'est pas ça.

L'ACTRICE *qui joue Yvonne.*

Vot' servante, monsieur le baron !.. Bonjour mon petit Dyring !

L'ACTRICE *qui joue Korilan.*

Oh ! c'est ça, c'est ça !.. On vient, c'est le baron, à mon rôle.

(Cette phrase a été mimée comme les précédentes par l'actrice qui joue Yvonne, puis elle court s'asseoir dans le bosquet et feint de dormir.)

SCÈNE IX.

KORILAN, *sous les traits d'Yvonne,* LE BARON, *entrant par la droite.*

LE BARON *.

C'est vraiment fort beau... ce croquant de fermier est encore plus riche qu'il ne pense... et dire que je suis obligé d'épouser toutes ces richesses... c'est désespérant, ma parole d'honneur !.. Être contraint à me sacrifier aux exigences d'une vieille douairière... ma noble tante... laquelle me déshérite, si je n'ai pas payé avant un mois toutes mes dettes... Moi, un baron de Kerkaradec, payer mes créanciers... c'est du dernier mauvais ton... ça sent la roture... Ah ! pouah !.. *(Apercevant Korilan.)* Que vois-je ?.. en fait de roture, ma fiancée qui dort dans un bosquet !..

KORILAN, *feignant de dormir.*

Dyring ! cher Dyring, je t'aime ! *(Pendant toute cette scène quelques sourires à la dérobée doivent rappeler au public qu'il a devant les yeux le génie sous les traits d'Yvonne et non Yvonne elle-même.*

LE BARON.

Par la sambleu !

KORILAN, *s'éveillant.*

Ah ! vous m'avez fait peur !

(1) C'est la même actrice qui jouait Yvonne, qui reparaît maintenant, jouant le personnage du génie qui est censé avoir pris les traits de la jeune fille.

Au théâtre des Variétés, une ouverture pratiquée à l'arbre et recouverte d'un treillis métallique peint, permet à l'actrice qui joue Korilan et qui est cachée derrière l'arbre, de dire certaines phrases qui sont mimées exactement par l'actrice qui joue Yvonne et qui doit se tenir très près de l'arbre pour faciliter cette illusion d'acoustique.

* Le B. Ko.

LE BARON.

Pardon, c'est que...

KORILAN.

Et Dyring... où donc est-il ?...

LE BARON.

Ah ! par exemple !

KORILAN.

Il était là, près de moi.

LE BARON.

Et vous dormiez ?

KORILAN.

Comme tous les jours.

LE BARON.

Comment ! tous les jours ?

KORILAN.

Nous nous endormons ensemble.

LE BARON.

Mais, Mademoiselle, une pareille confidence...

KORILAN.

De quoi vous plaignez-vous, puisque je vous épouse ?

LE BARON.

Mais c'est justement à cause de cela.

KORILAN.

Oh ! voyez-vous, j'ai arrangé ça comme ça... J'ai dit à mon amoureux : Tu n'as pas le sou, et mon père est riche... Le baron de Kerkaradec est aussi gueux que toi...

LE BARON.

Mademoiselle...

KORILAN.

Oui, monsieur le baron, vous êtes gueux, je le sais, moi ; mais vous êtes noble, et je vous épouserai pour votre noblesse, comme vous m'épouserez pour ma fortune... Je vous donne de la fortune, vous me donnez de la noblesse : c'est tout ce que nous nous donnerons.

LE BARON.

Permettez... permettez.

KORILAN, *lui donnant une tape sur la main qu'il avance.*

Je ne permets rien.

Air de la *Bergère châtelaine.*

Je serai votre femme,
Vous serez mon époux !
C'est tout ce qu'on réclame,
Tout ce qu'on veut de nous !
Vous serez à la tête
De ce pays divin,
On vous y fera fête :
Vous serez riche enfin ;
Mais ici je m'arrête...
Assez tôt vous saurez
Tout ce que vous serez (*bis*).

LE BARON, *parlé.*

Morbleu !

KORILAN.

Tout ce que vous serez !

LE BARON *parlé.*

Ventrebleu !

KORILAN.

Tout ce que vous serez !

LE BARON *parlé.*

Par la sambleu !

KORILAN.

DEUXIÈME COUPLET.

Moi, pour votre noblesse,
Je veux vous faire honneur,
Vous faire politesse,
Vous faire mon igneur,
Vous faire la courbette,
Et des gas du pays
Je veux même, en cachette,
Vous faire des amis.
Mais ici je m'arrête...
Plus tard je vous dirai
Ce que je vous ferai (*bis*).

LE BARON, *parlé.*

Corne de bœuf !

KORILAN.

Ce que je vous ferai !

LE BARON, *parlé.*

Vertuchou !

KORILAN.

Ce que je vous ferai.

LE BARON.

J'enrage !... Est-ce bien là cette petite villageoise si timide, si niaise?..

KORILAN.

Niaise !... oh ! que nenni ! faut ben avoir l'air un tantinet bête, pour ne pas trop décourager les amoureux, des imbéciles qui disent comme ça : « C'te petite Yvonne, c'est jeune, c'est novice, c'est l'innocence même, quoi ! » Ah ben oui ! on vous en donnera, des petits couteaux, pour les perdre !

LE BARON.

C'est-à-dire que je tombe des nues?

KORILAN.

Et pourquoi donc qu'on serait timide avec un tas d'audacieux?.. pourquoi donc qu'on serait sage avec un tas de mauvais sujets?.. pourquoi donc qu'on resterait niaise, quand on a affaire à des finauds qui ne veulent que vous enjôler... plus souvent !.. Aussi, comme je m'amuse à leurs dépens !.. comme je les trompe !..

Air : *On n'a plus ni plaisir ni peine.*

Quand Lucas m' peignait son martyre,
Ce que je n'oublierai jamais ;
Sur l'honneur, je puis bien vous dire,
Qu' c'était la premièr' fois qu' j'aimais.
Mais après lui vint le petit Magloire,
Et nonobstant un premier choix.
A celui-là je fis accroire
Qu' j'aimais pour la première fois...
Puis après lui vint le grand Dubois,
V'là qu' j'aime encor pour la première fois.
Sans compter Paul, Pierre et François.
J'ai bien aimé plus de cent fois,
Toujours pour la première fois.
Oui, plus de cent fois,
Pour la première fois.

LE BARON.

Cent fois !... Eh bien ! voilà de la franchise... je n'ai plus besoin d'aller aux informations... Cent fois !.. c'est un chiffre tout rond... Oh ! si ce n'était pas ma vieille tante !..

KORILAN.

Par ainsi, monsieur le baron, maintenant que vous savez à quoi vous en tenir, v'là ma main... faites-moi baronne tout d' suite... Pauvre Dyring, ça lui fera ben plaisir d'embrasser une baronne !

LE BARON, *gaiement.*

Par la sambleu ! sais-tu, friponne, que tu me piques au jeu !.. et que ton air éveillé, tes paroles égrillardes me plaisent tout à fait !

KORILAN, *étonné.*

Comment?

LE BARON.

Foin des saintes nitouches, et vivent les bonnes filles ! Il faut que je t'embrasse !..

KORILAN, *mettant ses mains en avant et passant à gauche.*

Eh bien ! venez-y !

LE BARON *.

Oh ! tes jolies griffes ne me font pas peur... et, ne fût-ce que pour te prouver ce que vaut ton mari... (*Il court après Korilan qu'il attrape, et qu'il est sur le point d'embrasser de force, quand Dyring paraît au fond. Korilan jette un cri et se sauve par la droite.*)

SCENE X.

DYRING, LE BARON **.

DYRING.

Pristi ! cristi ! sapristi !

LE BARON.

Quel est le manant qui se permet de me déranger ?

DYRING.

L'embrasser devant moi !

LE BARON.

Qui es-tu ? parle !

DYRING.

Et ça, quand je venais lui dire un éternel adieu !..

LE BARON.

Me répondras-tu ?

DYRING.

Quand j'allais me retuer pour elle ! (*Ici Korilan, dans son costume de génie, revient du côté par lequel il est sorti sous la figure d'Yvonne, et monte sur l'arbre.*)

LE BARON.

Palsambleu !

* Ko. le B.

** Le B. D.

DYRING.

Cristi ! pristi !

LE BARON, *lui donnant un soufflet.*

Tiens !..

DYRING.

Un soufflet !

KORILAN, *à part, sur l'arbre.*

Pauvre Dyring !

LE BARON.

Et place, manant ! (*Fausse sortie.*)

DYRING *.

Et je mourrais sans vengeance !.. oh ! non... je ne m'appelle plutôt pas Dyring !

LE BARON.

Dyring... tu serais...

DYRING.

Oui... oui... entendez-vous...

LE BARON.

Le faquin qui s'avise de soupirer pour ma fiancée... (*Il lui donne une pichenette.*)

DYRING.

Monsieur le baron !

LE BARON, *même jeu.*

Si jamais je te vois lui parler ...

DYRING.

Monsieur...

LE BARON, *même jeu.*

Lui faire un signe...

DYRING.

Monseigneur...

LE BARON, *même jeu.*

Ou seulement la regarder...

DYRING.

Pristi !... sapristi !..

LE BARON, *même jeu.*

Je te couperai les deux oreilles et le bout du nez, entends-tu !..

DYRING.

Ah ! faut-il que je sois lâche !.. tenez, tuez-moi, monsieur le baron, puisque je n'ai pas le courage de me battre...

LE BARON.

Je te tuerai... je te tuerai avec plaisir...

KORILAN, *à part, sur l'arbre.*

Heureusement que je suis là. (*Il disparaît.*)

LE BARON.

Mais je ne te tuerai pas sans défense.

DYRING.

Oh ! s'il ne faut que ça, le père Kérouan a deux sabres dans sa grange... mais il faudrait une échelle... (*Regardant à droite.*) Ah ! j'en vois une... (*Il sort par la droite.*)

LE BARON.

Ma foi, puisqu'il le veut absolument... et d'ailleurs, cette petite Yvonne avec sa franchise... Diable ! je ne me soucie pas... ma foi, non, je ne m'en soucie pas...

* D. le B. K., sur l'arbre.

DYRING, *reparaissant avec une échelle.*

Ne vous impatientez pas, monsieur le baron... (*Il passe derrière l'arbre ; là, un figurant habillé exactement comme lui le remplace et va poser l'échelle contre la grange, tandis que Dyring reste derrière l'arbre, pour en sortir à sa réplique.*)

LE BARON.

Va, mon garçon ; je ne suis pas pressé. (*Le figurant qui a remplacé Dyring grimpe précipitamment. A l'instant même où il disparaît dans la grange ; Korilan, sous les traits de Dyring, paraît en sortant de l'arbre...*) (1)

SCENE XI.

LE BARON, KORILAN.

KORILAN, *tenant deux sabres.*

Je n'ai pas un instant à perdre : sauvons ce pauvre Dyring. (*Même jeu pour cette phrase que pour la scène VIII.*)

LE BARON.

Voyons, comment le tuerai-je ?.. Est-ce en tierce ?.. est-ce en quarte ?..

KORILAN, *lui frappant sur l'épaule.*

Ni en tierce, ni en quarte... mais face à face... et le sabre à la main..

LE BARON,

Le sabre !.. je ne me bats pas au sabre.

KORILAN.

Vous ne vous battez pas au sabre ! (*Lui donnant une pichenette.*) Vous êtes donc un poltron ?

LE BARON.

Monsieur...

KORILAN, *même jeu, et marchant sur lui.*

Un faux baron de Kerkaradec !..

LE BARON.

Corbleu !

KORILAN.

Il faut donc vous rendre ce que vous m'avez donné ! (*Il lui donne un soufflet.*)

LE BARON.

Enfer ! ce sabre, Monsieur, ce sabre !

KORILAN.

A la bonne heure... nous allons en découdre...

LE BARON.

En garde ! Monsieur, en garde !

KORILAN.

En garde !.. (*Ici les deux adversaires croisent les sabres, et, en ferraillant, passent derrière l'arbre, de gauche à droite. L'acteur reste derrière l'arbre, et passe par le fond du théâtre pour se rendre à la grange, tandis que le figurant, qui, de la grange, a repassé par le fond*

* D. le B.

(1) C'est l'acteur qui joue Dyring, qui paraît ici, jouant le personnage de Korilan.

pour se trouver derrière l'arbre, reprend la place de l'acteur et continue le combat le dos tourné au public, jusqu'au moment où l'acteur ayant regagné la grange, le figurant fond sur le baron et disparaît avec lui.)

LE BARON, *pendant le combat.*

Juste ciel !.. ah ! mon Dieu !.. qu'est-ce que je vois-là... mais mon adversaire est le diable... ses prunelles sont des charbons ardents... (*Reculant jusqu'à la coulisse et se battant toujours.*) Grâce ! grâce ! ne me tuez pas !.. pardon ! pardon ... (*Il disparaît avec le figurant par la droite : immédiatement après leur disparition, on voit paraître Dyring à la fenêtre de la grange.*)

SCENE XII.

DYRING, *portant deux sabres.*

Là... j'ai mon affaire. (*Descendant l'échelle.*) Patience, monsieur le baron, me v'là... c'est le père Kérouan, qui avait caché ses armes sous des bottes de foin... mais je les ai trouvées, et... Eh bien ! où donc est-il ?... ah ! le capon !.. il ne m'a pas attendu !

SCÈNE XIII.

LE BARON, DYRING.

LE BARON *, *tout décoiffé, ses habits en désordre et sans armes.*

Sauvez-moi ! au secours ! à la garde !.. je me rends... grâce !..

DYRING.

A qui donc en a-t-il ?

LE BARON, *apercevant Dyring.*

Ah ! encore lui !.. (*Ici le génie Korilan, en costume de génie, revient en riant de l'endroit où s'est passé le combat, et monte sur l'arbre.*)

DYRING.

Eh ben ! qu'est-ce qu'il a donc ?..

LE BARON, *reculant.*

Au secours !

DYRING.

Voulez-vous pas crier !

LE BARON.

Au meurtre ! à la garde !

DYRING.

Voulez-vous pas crier !

LE BARON.

A l'assassin !

SCÈNE XIV.

LES MÊMES, KÉROUAN, YVONNE, PAYSANS *et* PAYSANNES, *accourant.*

CHŒUR.

Air :

Quel bruit effroyable !
Qu'arrive-t-il donc ?
Serait-ce le diable
Qui fait carillon ?

KÉROUAN *.

Silence, morbleu ! que tout le monde se taise... et que monsieur le baron nous dise...

LE BARON, *montrant Dyring.*

Qu'on s'empare de ce garçon !.. c'est un esprit !..

TOUS LES PAYSANS, *reculant.*

Un esprit !..

YVONNE.

Dyring !

KÉROUAN.

Dyring un esprit !.. c'est le plus bête du pays !.

LE BARON.

Mais, tout à l'heure en me battant avec lui, j'ai vu du feu dans ses yeux, des flammes sur son sabre....

TOUS.

Oh !..

DYRING.

Mais, si j'avais eu du feu dans les yeux, je me serais brûlé la cervelle.

KÉROUAN.

Silence !.. je dois à la vérité de dire que ce garçon n'a jamais passé pour un esprit malin... monsieur le baron se trompe sans doute... mais en attendant plus ample information, je chasse l'insolent qui s'est permis d'insulter mon gendre... Dès à présent, monsieur Dyring ne fait plus partie de cette ferme.

LE BARON.

A la bonne heure... touchez-là, beau-père.

YVONNE, *pleurant* **.

Chasser Dyring !.. oh ! j'en mourrai !..

DYRING.

Ah ! l'on ne sait pas où le désespoir peut me pousser !

KÉROUAN ***.

Pourvu qu'il ne te pousse pas du côté de ma ferme, je m'en soucie, mon gas, comme d'un verre de cidre... (*Aux paysans.*) Partez, vous autres... (*Les paysans sortent.*) Et vous, mon cher baron, le tabellion, que j'ai fait prévenir, doit nous attendre avec M. le bailli... venez signer le contrat.

LE BARON.

Je partage votre impatience, beau-père ; mais permettez que je rentre là dedans pour donner un coup d'œil à ma toilette, dont l'économie est légèrement compromise...

KÉROUAN.

Allez, mon gendre, et revenez au plus vite...

LE BARON.

L'amour me donnera des ailes. (*Il entre dans la maison.*)

KORILAN, *à part, sur l'arbre.*

Eh ! vite, profitons de son absence. (*Il disparaît.*)

* Y. D. K. le B. Ko., sur l'arbre.
** D. Y. K. le B. Ko., sur l'arbre.
*** D. K. le B. Y. Ko., sur l'arbre.

SCENE XV.

KÉROUAN, DYRING, YVONNE.

DYRING.

Adieu, Yvonne... adieu, père Kéronan... je désire que votre fille n'ait pas trop à se plaindre de s'être engentilhommée.

KÉROUAN.

Ça lui vaudra toujours mieux que de s'être encanaillée !

DYRING.

Adieu, j' m'en vas ! (*Il va pour sortir à droite.*)

YVONNE, *allant à lui.*

Dyring. (*Kérouan court après sa fille. — Pendaut ce temps on voit Korilan sortir de l'arbre sous le costume du baron *.*)

SCÈNE XVI.

KORILAN, *sous les traits du baron*, KÉROUAN, YVONNE, DYRING.

KORILAN, *même jeu mimique.*

Et de trois!,. c'est la belle,.. il faut gagner la partie...

YVONNE, *ramenant Dyring.*

Moi, j' veux pas qu'il s'en va!

KÉROUAN.

Et moi j' veux qu'il s'en va!

KORILAN, *qui a gagné l'entrée de la maison et feint d'en sortir.*

Palsambleu ! vertubleu ! têtebleu !

KÉROUAN.

Déjà prêt, monsieur le baron?..

KORILAN.

Corbleu ! je suis d'une colère!..

KÉROUAN.

Quelle mouche vous pique?

KORILAN.

Beau-père, je vous ordonne de chasser à l'instant même le drôle que je viens de houspiller dans votre salle basse.

KÉROUAN.

Jerôme Branchu, le plus solide de mes garçons de ferme !

KORILAN.

Un maladroit, un rustre, un âne bâté, qui n'a pas assez d'intelligence pour nouer les cordons de mes manchettes, et qui, au lieu d'un œil de poudre a jeté sur ma perruque une ignoble poignée de farine !..

YVONNE, *à part.*

C'est bien fait.

KÉROUAN.

Dame, ce garçon n'a l'habitude d'étriller que des chevaux !

KORILAN.

Je veux que cela change, et que votre maison soit à l'avenir sur un tout autre pied... Du reste, je suis bien naïf de descendre à ces détails domestiques, puisque bientôt je serai le maître...

KÉROUAN.

Chez vous !

KORILAN.

Et chez vous, beau-père, ne vous en déplaise!..

KÉROUAN, *à part.*

C'est ce que nous verrons !

YVONNE, *bas à Dyring.*

Y veut être maître chez papa !

KORILAN.

Et quelles sont, je vous prie, les croûtes infâmes qui pendent aux murailles de votre sale appartement ?..

KÉROUAN.

Les portraits de ma marraine et de feu mon oncle le marguillier.

KORILAN.

On fera disparaître ces deux caricatures !... (*Kérouan, exaspéré, remonte.*)

YVONNE, *bas.*

Oh ! si j'étais mon papa !

KÉROUAN *, *redescendant à la droite de Korilan.*

Mon oncle et ma marraine des caricatures !

KORILAN.

Je veux qu'elles cèdent la place à des trumeaux modernes... des bergers et des bergères... genre Watteau, style Florian... c'est la dernière mode ; et les gens qui se respectent ne peuvent s'en passer.

KÉROUAN.

Mais il veut me ruiner !

DYRING, *bas, à Yvonne.*

Les cartes se brouillent... tant mieux !

KORILAN.

Et des chevaux de race, une armée de laquais, des piqueurs, une meute pour chasser la grosse bête... (*Regardant Kérouan, et lui frappant sur l'épaule.*) Il n'en manque pas dans le pays !

KÉROUAN.

Monsieur, est-ce pour moi ?

YVONNE, *excitant Kérouan.*

Oui .. c'est-y pour papa ?...

DYRING, *bas, à Yvonne.*

S'il pouvait se fâcher.

KORILAN.

Ah ! j'oubliais... il me faut encore une table somptueuse, un jeu d'enfer, une cave pleine de vins exquis, et des joyeux compagnons pour la vider !

KÉROUAN.

Pour la table, j'en suis !

KORILAN.

Vous, maître Kérouan, vous n'y pensez pas !

* C'est l'acteur qui joue le baron, qui joue à présent le personnage de Korilan.

* K. Ko. Y. D.

KÉROUAN.

J'y pense beaucoup, au contraire.

KORILAN.

Allons donc... je ne vois pas d'inconvénient à vous recevoir de temps en temps au château... à de longs intervalles... les jours de pluie... quand je serai seul...

KÉROUAN.

Rougiriez-vous de m'avoir pour beau-père?

KORILAN.

Je ne dis pas ça précisément, mais vous devez comprendre que le monde a des exigences auxquelles un homme de ma qualité est forcé de se soumettre... Quand il élève jusqu'à lui une dot roturière, il n'épouse pas toute la famille, que diable!

YVONNE*, *bas, à Dyring.*

En voilà un de malhonnête!... bats-le, Dyring.

DYRING, *bas.*

Ça va venir.

KÉROUAN.

Savez-vous, M. de Kerkaradec, qu'au train dont vous y allez, la dot de ma fille disparaîtrait entre vos mains comme un quarteron de noisettes dans la gueule d'un loup.

YVONNE, *appuyant.*

C'est vrai, ça!

KORILAN.

Ne raillons point sur cet article, je vous prie... je me plais à croire que les cinquante mille écus que je palperai ce matin ne sont qu'un faible à-compte, un léger avant-coureur de vos largesses paternelles.

KÉROUAN, *éclatant.*

Cinquante mille écus! c'est cinquante mille fois plus que vous ne valez, gentillâtre râpé!

KORILAN.

Maître Kérouan!

KÉROUAN.

Que cinquante mille diables vous emportent!.. vous n'aurez pas ma fille!

YVONNE, *joyeuse.*

Vous ne m'aurez pas!

DYRING.

Vous ne l'aurez pas!

KORILAN.

Palsambleu! vertuchou! corne de bœuf!

KÉROUAN.

Dyring, appelle nos gens!

DYRING.

Tout de suite! (*Il sort à gauche.*)

KÉROUAN, *à Korilan.*

Ah! y te faut une grande table, un jeu d'enfer et des vins exquis!... Ah! y t' faut des laquais, des piqueurs, une meute pour chasser la grosse bête! eh ben, la grosse bête qui sera chassée... c'est toi... et tout de suite, encore!... (*Allant au fond.*) Charivari au baron de Kerkaradec!

* D. K. Ko. Y.

! K. Ko. Y. D.

TOUS LES PAYSANS, *entrant par la gauche avec Dyring.*

Charivari!

KORILAN*, *tirant son épée, et allant s'appuyer contre l'arbre.*

Venez donc, canailles, si vous l'osez!

CHŒUR.

Air :

Qu'on le prenne!
Qu'on le traine
Au milieu de nous!...
Qu'il se rende!
Qu'il demande
Pardon à genoux!

KORILAN, *au pied de l'arbre, l'épée à la main.*

Du courage!
Davantage
Approchez, mes gas!
Quoi! ma brette
Vous arrête!
Eh! quoi! vous n'osez pas!

TOUS.

Nous n'osons pas!

Pendant la reprise du chœur, quatre paysans saisissent le baron (Korilan) par derrière et le désarment. — Les autres se précipitent sur lui, et le poussent au fond, à droite. — Dans ce mouvement, un figurant habillé comme le baron prend la place de Korilan au milieu des paysans, tandis que Korilan, le prétendu baron, prend la sienne derrière l'arbre, et gagne la maison. — Le figurant, toujours entouré et battu, feint de vouloir s'échapper du côté de la ferme, mais on lui barre la route, et il s'enfuit par le deuxième plan à droite, toujours poursuivi et se cachant le visage comme pour éviter les coups. — Aussitôt qu'il a disparu, le véritable paraît à l'entrée de la maison à gauche.

SCÈNE XVII.

LE BARON, DYRING, KÉROUAN, YVONNE, PAYSANS, PAYSANNES, *puis* KORILAN.

LE BARON, *s'avançant.*

Ah ça, quel est donc ce tintamare?

TOUS, *se retournant.*

Ah!...

KÉROUAN, *stupéfait.*

Que vois-je?

DYRING, *de même.*

Par où diable est-il passé?

LE BARON. *

Vous faites un bruit... c'est scandaleux... vous vous comportez comme des manants!

KÉROUAN, *à part.*

Comment! il n'en a pas assez!

LE BARON.

Beau-père, comment trouvez-vous ma perruque?

* D. le B. K. Y.

DYRING, *à part.*

Quel toupet ?

KÉROUAN, *à part.*

Ah ! j'étouffe de colère !...

LE BARON.

Elle frise assez bien, n'est-ce pas ?.. (*Passant près d'Yvonne.*) Qu'en pense la charmante Yvonne ?

KÉROUAN, *à Dyring* *.

Ah ! son sang-froid m'abasourdit !

DYRING.

Beau-père, si nous recommencions ?...

LE BARON, *gracieusement.*

Recommencer... quoi ?

KÉROUAN, *au baron.*

Tenez, Monsieur, partez... partez tout de suite... ou je vous jure qu'il vous arrivera malheur !

LE BARON.

Hein ?... quoi ?... quel malheur ?... Beau-père, vous avez une figure...

KÉROUAN.

La figure d'une dupe, et vous celle d'un fripon !...

LE BARON.

Qu'est-ce à dire ?...

KÉROUAN.

Partez ou sinon..., (*Tous les paysans font un mouvement.*)

LE BARON **.

Palsambleu !.. une émeute de manans !.. (*Nouveau mouvement.*) Arrêtez... je pars...

TOUS.

Ah !...

LE BARON ***.

Croyez-vous donc que je me soucie beaucoup d'épouser votre fille ?... une fille qui en est à son centième amoureux !...

TOUS.

Oh !...

YVONNE.

Moi ! quelle infamie...

KÉROUAN.

Il ose calomnier ma fille !

LE BARON.

Calomnier !... je ne fais que répéter ce qu'elle m'a dit elle-même...

YVONNE ****.

Moi, je vous ai dit ?...

LE BARON.

Osez-vous le nier ?

YVONNE.

Où ?

LE BARON.

Ici.

* D. K. le B. Y.
** Le B. D. K. Y.
*** D. le B. K. Y.
**** D. K. le B. Y.

YVONNE.

Quand ?

LE BARON.

Ce matin.

YVONNE.

O le vilain menteur !

KÉROUAN.

Amis, recommençons !

TOUS.

Oui, recommençons !

LE BARON.

Mais, qu'est-ce que ça veut dire ?.. qui m'expliquera ?..

KORILAN, *en génie, sortant de l'arbre.*

Moi !..

TOUS *, *s'agenouillant.*

Un esprit !

KORILAN.

Air : *Rondeau des deux Maîtresses.*

Je ne dois taire
Aucun mystère,
Et maintenant je vais me démasquer.
Que l'on m'écoute ;
Bientôt, sans doute,
Facilement tout pourra s'expliquer.
J'ai pris les traits, j'ai pris la voix d'Yvonne,
Puis au baron j'ai dit : Soyez heureux !
Épousez-moi, je veux être baronne ;
Mais, entre nous, j'eus bien cent amoureux !

YVONNE.

O ciel ! qu'entends-je !

LE BARON.

Prodige étrange !

YVONNE, *parlé.*

Cent amoureux !

KORILAN.

C'était mentir quatre-vingt-dix-neuf fois !
Mais je m'accuse,
Je vous excuse...
Car j'avais pris vos traits et votre voix.
Dyring, croyant à votre perfidie,
Voulait combattre et mourir aujourd'hui ;
Mais il m'avait jadis sauvé la vie...
J'ai pris sa place et combattu pour lui !

LE BARON.

Oh ! sort contraire !
Mon adversaire !...

KORILAN.

Oui, c'était moi...

KÉROUAN, *à part.*

Je n'y comprends plus rien.

KORILAN, *à Kérouan*,

Puis j'ai su prendre
De votre gendre
L'air insolent et l'orgueilleux maintien.
(*Allant prendre par la main Dyring qui se relève ainsi que tout le monde.*)
Ainsi, Dyring, j'ai tenu ma parole :

* K. D. Ko le B. Y.

J'ai protégé deux pauvres amoureux !
*(Il le fait passer près d'Yvonne *.)*
Et toi, Kérouan, si l'or est ton idole,
(Lui jetant une bourse.)
Voici de l'or : permets qu'ils soient heureux !
Si tu refuses,
Oh ! crains mes ruses !
Je reprendrais
Du baron tous les traits...
(Au baron.
Et près d'Yvonne,
Faite baronne...

LE BARON, *à part.*

Oh ! quel affront
Pour le front
D'un baron.
*(Il gagne l'extrême droite **.)*

CHOEUR.

Surprise étrange !
Un esprit change !
Prend notre voix, nos traits, et nos habits !
Ah ! l'on s'abuse,
Quand on refuse
De se fier au pouvoir des esprits !

* K. Ko. le B. D. Y.
** K. Ko. D. Y. le B.

KÉROUAN, *à Korilan.*

Vous serez obéi, Monseigneur, vous serez obéi.

DYRING.

Yvonne !

YVONNE.

Dyring !

ENSEMBLE.

Oh ! merci, merci, notre protecteur

KORILAN, *au public.*

Air :

Nos rêves fantastiques
Finissent là.
Amateurs de chroniques,
Voilà ! *(bis.)*
Un génie intéresse
Tout spectateur,
Et c'est une finesse
De notre auteur !
Pardonnez à l'esprit
Qu'il a placé dans sa pièce,
A l'esprit
Qu'il ne prit,
Qu'à défaut d'un autre esprit.

CHOEUR.

Pardonnez à l'esprit, etc.

FIN.

IMPRIMERIE HYDRAULIQUE DE GIROUX ET VIALAT, A LAGNY.

Lagny, imp. de Giroux et Vialat.

www.ingramcontent.com/pod-product-compliance
Lightning Source LLC
LaVergne TN
LVHW010413240826
846091LV00020B/3653
* 9 7 8 2 0 1 9 9 7 9 3 1 7 *